あなたに届く光のメッセージ

若 ルミ子

Rumiko waka

文芸社

はじめに

私は現在、ヒーラーとして目に見えない「気」を使ったヒーリング療法で多くの方々の心身の不調を整え、癒す活動を行っています。

そのかたわら、高次元の「光の存在」からメッセージを受け取り、生きるヒントや道《みち》標《しるべ》を必要とされている方々にお伝えするのが役割です。

こうして〝天からのメッセンジャー〟としての使命を果たすことにより、皆さんの人生に降りかかるさまざまな試練や悩みを乗り越えるお手伝いをしております。

本書は、私が天から授かった貴重な〝預かり言葉〟を網羅した、〝光のメッセージ〟の集大成です。

天から伝えて頂くことは、生きるうえでの考え方から宇宙の法則や予言に至るまで実に多彩で示唆に富み、叡智に満ちており、現在そのメッセージは格言のような美しいフレーズとなって、私のもとに届いています。

天から「言霊《ことだま》」として飛び出した格言たちは、どれも深い味わいをたたえ、輝きを放っています。

そんな珠玉のメッセージを1人でも多くの方に見て頂きたいと思い、この度、本書を出版することとなりました。
慈愛に溢れた言葉の数々を、教訓として、あるいは人生のバイブルとしてお役立て頂くことを願っております。
なお本書を執筆するにあたり、ヒーリング療法と天からのメッセージを信頼して、私のもとを訪れて下さっているたくさんの方々に感謝します。

「感謝」

若 ルミ子

序章

・金色の光の球が口に飛び込んできた中学時代のスピリチュアル体験

私が初めてスピリチュアル体験をしたのは、中学生の頃のことです。

それは突然、口の中に金色に輝く球が飛び込んでくるという、不思議な現象でした。

以来、その手の神秘体験は次第に増えていきましたが、当時の私は気にも留《と》めずに日々を過ごしていました。


そんな私が、再びスピリチュアル体験に見舞われるようになったのは、母の死の前後のことでした。

それはかすかな「音」から始まりました。

2005年の夏頃から、耳もとで誰かの声が聞こえるようになったのです。

そのうちそれは、のべつまくなし私にささやきかけるようになりました。

料理を作っている最中や掃除中、それから夜中に寝ている時でさえ、男女の声が入り混じった雑多なノイズが、耳鳴りのように絶えず響き続けるのです。

喩えて言えば、チューナーがどこかのチャンネルにピタッと合ったような感じでしょうか。もちろん、これまで味わったことのない体験でした。

今思えば、それはこの世に留《とど》まる未浄化霊の声だったのでしょう。

それがうるさくて眠ることもできずに、私はどんどん消耗していきました。毎日、苦しくてたまらず、この状況から逃れようと、ワラにもすがる思いでさまざまな霊能者のもとを訪れましたが、事態はいっこうに改善されないまま、3年の月日が流れていきました。

そんなある日のこと、苦しみのどん底にあえいでいた私は、突然「気」という文字が頭の中に降りてくるのを感じたのです。そう、『日月神示』※にある神一厘の施策が如く……。

そこですぐ書店に走り、「気」の文字がつく本を片っ端から手に取るとともに「気功」の活動を探し、ある気功教室の門を叩きました。

こうして気功と出合い、初体験した私は、感想を尋ねる先生に「グリーンや紫の光が、まるでオーロラのようにキレイでした」と答えたのを思い出します。

※ 岡本典明に「国常立尊」より降ろされた神示で身魂磨きや身心の浄化、神霊界の事、予言に至るまで記されている。

そしてこの時、私は初めて、自分が他人と違う感覚を持っていることに気付いたのです。

この出来事をきっかけに気功教室で瞑想を行うようになった私は、美しい色や光の球、幾何学模様や文字など、数多くの不思議な映像を垣間見ることとなりました。

そしてある時、頭の中に「治癒」という文字がクッキリと映し出され、巨大な線香花火のような光の球が私の肉体を通過したのです。

その後、「治癒」という言葉に導かれるように、良き師である伊藤美枝子先生と巡り合った私は、自分が霊医（霊的存在の医師）の降りてくるスピリチュアルヒーラー（心霊治療家）であることを知りました。

こうして私の「第2の人生」が幕を開けることとなったのです。

・身体の「声」をキャッチし病を癒すヒーリング能力の目覚め

「治癒」のメッセージを糸口に伊藤美枝子先生と知り合い、「あなたのヒーリングは霊医が降りてくる、特別なものなんですよ」と教えて頂いた私でしたが、当時は自分がこの先どのように生きるべきかを、まだ理解してはいませんでした。

そんな私に「光の存在からのメッセージ」は次々と伝えられました。

それは、私が瞑想で頭の中を「無」の状態に保ち、「真我につながっている」時に届きます。心の奥のハートチャクラ※の辺りに、フッと湧き上がるように聞こえてくるのです。いつしか私はそんな美しい言葉の数々を、ノートに書き留めるようになりました。

そのうち私は、その声が男性的（中性的でもある）なイメージと女性的なイメージの2人の方から発信されることに気がつきました。

男性的（中性的でもある）なイメージの方は非常に古典的で、高次元のメッセージを硬い感じの日本語に置き換えて私に話し、それを女性的なイメージの方がかみ砕いて説明して下さるのです。

ある日のこと、突然、文字らしきものを発作的に書き連ねたことがありました。

今まで見たこともない「書体」でしたが、それからほどなくして、たまたま知人から、それらが「阿比留《あひる》草文字」ではないかと指摘されたのです。

「阿比留草文字」とは神代文字の1つとされる極めて古い書体で、神道界に強い影響を与えたと言われています。当然ながらその頃の私は、阿比留草文字のことなど

※ チャクラとはサンスクリットで「車輪・円」を意味する。全身に7つのチャクラがある。人間の心身、生命をコントロールするエネルギーセンターの事。

知るよしもありません。

もちろんメッセージを下さるお二方は、かつて私にうるさくささやき続けた「雑多なノイズ」とは全く異なる、非常に気高い存在であることは明らかでした。

そして宇宙の成り立ちや生きる意義、この世の法則など、さまざまなことを私に教えて下さり、ことに女性の方は、その後、霊医として私のヒーリングを助けて下さるようになりました。

こうして「天からの伝言」を繰り返し受けるようになったある日、私は「生きる社《やしろ》になるように」というメッセージを授かったのです。

不思議な出来事は、その後もたびたび続きました。

ある時、朝方のうつろな半覚醒状態で、夢の中にくっきりと光輪に羂索《けんさく》と金剛杵《こんごうしょ》を持った女神様が現れ「日輪《にちりん》が如く」と一言伝えて、消えていかれたこともあります。

かくして私は、人を治し、癒して「衆生《しゅじょう》の救済《きゅうさい》」をすることこそが、己の役割だと確信したのです。

こうしたメッセージと呼応するように、いつしか私は、ごく自然な流れで周囲の方々にヒーリングを行うようになりました。

私自身は看護師として病院勤務の経験もあり、現在、私が行っている施術は、医学知識を活用しながら心身ともに癒すという点において、まさにディーパック・チョプラ氏のいう「シンクロディスティニィ（運命をつなぐ偶然の一致）」を感じずにはいられません。

・医学と支え合う「ホリスティック・ヒーリング」を目指して……

そんな矢先のこと、腱鞘炎《けんしょうえん》で手の手術をひかえているという方が、私を頼ってきました。

ヒーリングで得た病からのメッセージを伝え、3カ月間にわたって手をヒーリングしたところ、彼女の痛みは和らいでいき、結局、その方は手術をせずに今も元気で暮らしていらっしゃいます。

時にはうつ病やパニック障害で悩んでいる方もおいでになります。

ある時、パニック障害のために電車に乗るのもひと苦労だというOLさんの全身のヒーリングをしたことがありました。すると、ふいにその方の脚から「彼女はやりたいことがあるはずだ」というメッセージが届いたのです。

そこで「何かやりたいことはないの?」と尋ねたところ、彼女は「英語が大好きなんです」と答えてくれました。それがもとで、その方の状態は徐々に回復し、今では電車に乗って再び学校に通い始め、英語を学んでいます。

こうして天からの〝お役目〟を頂いてヒーリングを行ううちに、現在の多くの治療は、症状に合わせた対症療法に過ぎないことを悟りました。

「病気」はその字が如く「気」から始まるのです。つまり感情に何らかのストレスがあり、心の病が肉体に病気として現れるのです。

2003年1月の『ニューズウィーク』でも紹介されましたが、西洋ではすでにヒーラーは、医学とともに支え合って仕事をしています。

今後は、心の病の原因を探り、病気をホリスティック(全体的)に診ていく必要があるのではないかと感じ、できる限り尽力していきたいと願っています。

思えば私の人生は、神秘体験にとどまらず、両親の介護や死、仕事と学業の両立、海外での出産など、矢継ぎ早に〝山場〟が押し寄せ、いつもそれを1つ1つ乗り越えていくという経験の連続でした。

また、その間、海外で暮らし、外国に息づくボランティア精神に触れたことは、その後の人生に多大な影響を与えました。

まさに「経験こそ宝なり」という言葉を体現した道のりだったと言えるでしょう。

そしてこの盛りだくさんの人生が、後に多くの方々をサポートするうえで、大いに役立っています。

さて次の章からは、私を導いて下さった数々の「光のメッセージ」を紹介していきます。

これらの格言が皆さんを励まし支え、生きる礎となれば幸いです。

第1部

自分とつながるメッセージ

「己を信ずることこそ極意なり」

人は不安を抱えていると、心が揺らいで自信を失っていくものです。

「これでいいのか悪いのか分からない」ので選択ミスを繰り返し、目標からどんどん遠ざかっていくのです。

つまり不安が自己実現を妨げてしまうのです。

それでは夢を叶えるためには、どうすれば良いでしょう？

まずは「自分が良しと思う目標・計画」を立て、それが私欲にとらわれず、周りを配慮するプランならば、自分を信じて行動してみましょう。

そして自らが成功しているイメージを頭の中に描いて、そこに向かって進んでいくのです。

「己を信ずること」こそ、夢を実現に導く極意なのです。

「自分軸を持つように」

周囲から「いい人」といわれる人は、いませんか？

それは、その場の状況や他人の意見になじんで染まり、自らを変化《へんげ》させてしまうところがあるからです。

そうなると別の存在の波動を受けやすくなります。

対照的に「本当の自分はこういう人間です」という軸があれば、他人に迎合する必要はなくなります。

「自分たるものは何もので、何がしたいのか」を追求すれば、「自分の軸」がブレなくなります。

ちなみに心理学者のエリク・H・エリクソンは、自己統一性の確立が思春期までに行われると説きました。

つまり思春期までの生き方が、あなたの軸を定めるのです。

自分という「芯」があれば、他者の波動や思念につけいられる心配もなくなり、周りに流されないですむのです。「自分軸」をしっかり持って、生きていきましょう。

「一《いっ》柱《ちゅう》」

ある方の背骨のヒーリングをしていた時に、突然、光のメッセージを受け取りました。

それは「一柱＝自分の柱となるものを見つけよ」という言葉です。

背骨は、生体の「柱」です。

もし背骨が折れてしまったら、どうなるでしょう？「骨が折れる」ということわざのように心労、辛苦にさいなまれて、生きる柱が失われてしまいます。

そもそも「柱」は、全ての根幹をなすものです。

例えば伊勢神宮の本殿の中心にある「心御柱《しんのみはしら》」は、ご神体の八咫の鏡の真下にありますが、天照大御神は、この「心御柱」に御降臨すると考えられています。

こうした事実からも、柱がいかに重要であるかが分かります。

人の「柱」である背骨からのメッセージは「生きていくための自分の考え・意志を持とう」ということではないかと思います。

あなたの「一柱」を見出すことができるのは、あなただけです。

右往左往をして、心労・辛苦を招かないよう、自分のやりたいことを見つけて「自分の柱＝一柱」を立てましょう。

「明《みょう》意《い》欠損これ覚《かく》醒《せい》ならず」

自分のやりたいことを見出し、己の中に「柱」を立てても、大きな壁が立ちはだかることがあります。

手痛い失敗や挫折を重ねることで不安になり、自分の中の軸がグラグラと揺らいでしまうのです。

しかし自らの方向性を見失ってしまっては、何事もはかどりません。

そもそも「明意」とは「明るい意志」、つまり「自分の本当の思い」のことです。

〝明るい意志〟が欠如してしまっては、夢の実現がおぼつかなくなるのは、言うまでもありません。

あなたの軸をブレさせずに初心を忘れず、目標に向かいましょう。

「執<ruby>権</ruby>創意」

「執権創意」

世の中には、失敗を他人のせいにする人が多いものです。

あなたの人生は、あなたのために存在するのです。

国が政治《まつりごと》によって世を治めるように、己の人生を生きていくためには、あなた自身が「自分の政治」を行う必要があるのです。

ところがそれを忘れて、他人に責任を転嫁してしまう人が、最近、目だって増えているような気がします。

そもそも人の苦しみの極みとは、自らの因果において導いてきたものです。

それゆえに臆することなく先見の明をもって己の人生を治めていけるよう、1人1人が「覚醒」することを、天は望んでいます。

「執権創意」

自分の人生は、自らの魂と工夫をもって運びましょう。

「一心発《はつ》願《がん》のこと」

「一心発願」とは「自分のありさまを決める」ということです。

まずは「自分がどうなりたいのか」という発願があって、それがハートから滲み出る「本当の思い＝真願《しんがん》」となり、言動を通して実現していくのです。

この時に注意したいのは「うまくいくかしら？」「失敗したらどうしよう……」と恐れを抱いたり、「～しなければならない」「～であるべき」と、自分で作った「境地《きょうち》」に尻ごみすることです。

恐れとは、自らが作り出す不安の一種で、人は恐れのために心をとどめてしまいがちです。『森田療法』の創始者、森田正馬《まさたけ》氏は、不安や恐怖をありのままに受け入れて、行き詰まりから解放する治療法を提唱しています。

ありのままに自分で発願した「思い」を行動に移してみましょう。

夢を叶えるために、自らのプランを緻密に計画し、「良き結果」を導いていきましょう。

あなたは夢を、グッと引き寄せることができるはずです。

「本《ほん》願《がん》成《じょう》就《じゅ》のこと」

私たちの願望は「思う（思考）→言う（言葉）→行動する」の「三位一体《さんみいったい》」で完結します。

このプロセスを6段階に分けて、詳しくお話ししましょう。

まず第1に「具体的な願い」を心に決め、第2に、「それが何に役立つか」を考えます。

そして第3に、それが経済的にまかなえるのか、人は足りているのか、場所は確保できるのかなどといった〝自分の状況〟をあらわにしていきます。

次に、第3の段階であぶり出した〝現状〟の分析を行います。

すると「金銭的にはこれぐらい足りない」とか「場所がない」などさまざまな問題が出てきて、なかには不安にかられる方もいるでしょう。これが第4の段階です。

こうして子細に分析していくと、「どうすれば問題が解決するのか」という具体策が浮上します。

第5の段階では、これらの具体策を必ず書いて、言葉にしていきます。

そして最後の6番目の段階で、実際に行動に移すのです。

（P・150の「本願成就のステップ表」参照）

「高くて広い目的に
自らのあり方を見据えよ」

知り合いの息子さんが、富士登山に挑戦しました。

ところが8合目でハプニングがあり、やむをえず下山されたそうです。

そもそも人間は生まれ落ちた環境や個性、能力が異なるものです。そして、それぞれに応じた「頂点」を見定めます。

とはいえ「私はここまで」と決めつけてしまうと、人の成長はそこで終わってしまいます。「枠を越えない」と決めれば、人はなかなか枠を越えられないものですね。

もともと人間は誰しも、ある一定のところまでは辿りつけるものです。この領域は「ホメオスタシス（恒常性維持）の領域」といい、安全地帯なのです。

ですから〝その、もうちょっと先〟を頂点に見据えて設定すると、発展的追求をすることができるものです。

あの富士登山を試みた彼は、今度は必ず頂上まで登ると宣言したそうです。

そこに明確な意志があるわけですから、次はきっと登頂できることでしょう。

このように目標を達成するには「高くて広い目的に自らのあり方を見据える」ことが大切なのです。

「人生は経験を紡ぐプロセスである」

人には誰しも、何をやっても思うように結果が出ない「スランプ」の時があるものです。

「停滞期」や「低迷期」とも呼ばれ、あまり良いイメージのない「スランプ」ですが、実は「自分を内観しなさい」「次のステップへの移行に向けて学びなさい」というメッセージが込められた、非常に大切な期間でもあるのです。

なんとなく上手くいかない……。

なんとなく上達しない……。

なんとなく同じことを繰り返しているような気がする……。

こう思ったら、必ず「次のステップや上昇期に向かうための準備期間が来た！」と発想を転換してみて下さいね。

あなたが内観や学びを重ねて種を播いた分だけ、上昇率が跳ね上がるはずです。

「人生は経験を紡ぐプロセス」です。

あなたが笑顔で楽しく生きていける方法を見つけ出し、希望を持って人生のプロセスを紡いでいきましょう。

「喜びへの道」

「カルマ」とは「前世でし残したこと」であり、同時に私たちが「今生に持ち越したテーマ」であると言えるでしょう。

人間はさまざまなカルマを持って生まれてきますが、ネガティブな考え方から抜け出せない、兄弟や夫婦、友人の間でいざこざが続くなど、同じ失敗を繰り返す場合には、おうおうにしてカルマが絡んでいるケースが多いようです。

もともと私たちはカルマを解消するために、似たような問題が発生しやすい環境をわざわざ選んで生まれてくると言われています。

したがって、そこからいかにカルマをクリアして、己の豊かな発想を現実化していくかが、生きる目的になるのです。

もちろんカルマを晴らしていくには、多少の苦労はつきものですが、それを「喜びへの道」だと思いましょう。

さまざまな経験を重ねてカルマを乗り越えていくことにより、私たちの魂は磨かれ、大きく成長することができるのです。

「利《り》己《こ》他《た》主義」

「自己欲」にかられて「利己的」に突き進んでいけば、また新たなカルマを作ってしまいます。

反対に人のことばかりを考えて「利他的」に生きていくだけでは「周りに合わせたいい人」になりがちで、己の「本心」を見失ってしまいます。

利己主義が決していいわけではありませんが、ある程度の「利己心」がないと夢の実現から遠ざかり、他人に流された人生を送ることになります。

実際、〝常識〟にとらわれて、世間の評価だけを気にしながら生涯を終えてしまう人は、案外多いものなのです。

だから自身の願いを叶えていく際に、自分が満足をしながらも「この人には、こういうことをしてあげればいいかしら?」と、周りの人のことも考えながら人生を歩むことが大切です。

自分も相手もともに幸せであるように願いながらも、自らの夢を叶えていく「利己他主義」で生きると、カルマが上手に解消されていくのです。

「物事をゆっくり発案しなさい
良いものとなる
良い自分になる
良かれと思う発想と転換ができるものである
愛する自分のために」

1つ1つの行動を意識して、行ってみましょう。

意識をしないと、行動の片鱗だけを残して、時が慌ただしく過ぎていきます。

心に意識付けをしていけば「自分が何のために生まれてきたか」を内観し、自身のカルマを見つけることも可能です。

例えば貧しく生活しているとしましょう。

その中で今日生きていけることに感謝の心が持てたなら、その時に1つのカルマが解消していくのです。

次に「この貧困から抜け出すにはどうすればいいか」と、自己実現の方向へ進んでいき、仮に苦学を重ねて富に恵まれたなら、人生のステップアップにつながりますね。

〝良い自分〟になるために、心にゆとりをもって行動していきましょう。

「清らかな流れを感じつつ
日々、穏やかに穏やかに」

ここで言う「清らかな流れ」とは、「今、必要な判断」や「今、必要な考え方」「今、必要なものの見方」をさしています。

私たちのもとには日々、そうした「清らかなるエネルギー」が発信されています。

だから自分を清らかにして、流れてくるその調べに自ら同調していく——そんな穏やかな日々を送ろうというメッセージです。

日頃から五感とともに直観も磨いて、美しい流れを受け止められるような器を自ら作り上げましょう。

そうすれば「聖なるもの」がきっと飛び込んでくるはずです。

「決して苦行をするために
生きているわけではない」

誰しも1歩先のステージに進もうとすると、克服しなければいけない課題が降りかかることがあります。

いわば〝産みの苦しみ〟であるわけですが、それを「苦」ととらえるか、それともステップアップのチャンスととらえるかで、人生のありようは大きく様変わりしていきます。

成長するためには多少の苦痛が伴うものですが、それを「苦行」と見なさなければ、人生は「学び」や「発展」へと通じていき、楽しく生きることができるのです。

つまり「苦行」とは、自分が作りあげてしまったものなのです。

私たちは、決して苦行をするために生きているわけではありません。

「今」を楽しく生きるために、自分に心遣いと癒しを与えてあげましょう。

「苦楽を悟る眼を開眼《かいがん》せよ」

自分で対応できないほどの悩みが生じたら、ぜひ自己内観してみて下さい。その方法をお教えしましょう。
①問題となる悩みごとの要素を、1つ残らずノートに書き出して下さい。
②その中で一番問題となることを選んで下さい。
③②に対して本当はどうしたいのか、自分に正直に「本心」を書いて下さい。
④②に対して「自分」はどんな態度をとりましたか？　「自分」はどんな言葉や口調で表現しましたか？　「自分」はどんな表情をしましたか？
⑤②に対して「相手」はどんな態度をとりましたか？　「相手」はどんな言葉や口調で表現しましたか？　「相手」はどんな表情をしましたか？
⑥次に「自分」はどういう態度・言葉・表情をしたらよいのか具体策を書き出しましょう。
私たちの人生は「自己実現＝なりたい自分になる」ためのものですから、①～⑥の設問には、客観的に内観をしたうえで、自分の魂に正直に答えてみましょう。

ちなみにここで紹介した方法は悩みを解決するための1つの手段に過ぎませんが、「苦」を「苦」のままにしていても、発展はありません。「苦」から学びを得ることこそ素晴らしいプレゼントであり、光明となるのです。「苦楽」を悟る眼を開眼し、人生を楽しく歩んでいきましょう。

「楽ありき
楽したければ
努力せよ
楽ありき
楽したければ
乗り越えよ」

2～3年に1度、起こる「ブルームーン」を見ると幸せになるとか、願い事が叶うと言われています。

そんな「ブルームーン」の日に授かったのが「楽ありき　楽したければ　努力せよ　楽ありき　楽したければ　乗り越えよ」というメッセージです。

人間にはおのおのの道があり、行く手を阻む理由も人それぞれです。

それを良く考え、乗り越える努力が大切です。

「誰かがやってくれるだろう」という他力本願や「あの人のせいで……」と、他人に責任を負わせていては、何事も成しえないものですね。

願いが実現する「楽ありき」人生を歩むためには、まず自分自身の努力が問われるのです。

「気になることに、気を留《と》めよ
それが道筋になる」

かつて「人生を苦行にしないためには、どうしたらいいですか?」と聞かれたことがありました。

人間なら誰しも悩んだり落ち込んだり、迷ったり、留《とど》まってしまったり、変化のない生活に倦んだり、失敗を繰り返したりするものです。

そんな時には、たまたま点けたテレビやラジオ、音楽、見た看板、時計や車のナンバープレート、領収書など、発せられるすべての物から「今」気になった言葉や文字、数字を心に留《と》めてみましょう。

それらは今の自分が欲している情報だから、気になるのです。

私たちは忙しさに追われるあまり、本当は何かが気になっているのに、見て見ぬ振りをしてしまいがちです。

心のアンテナに引っかかるものがあるなら、気になることに気を留《と》めましょう。それがあなたの道筋になるはずです。

「最高の指示を、
最高と思わぬ不安が、
最高のものを選び損ねてしまうところに
問題があるのです」

私たちはしばしば「二者択一」に悩まされることがあります。

そんな時「最高の指示を、最高と思わぬ不安が、最高のものを選び損ねてしまうところに問題があるのです」というメッセージを心に受け止めました。

「最高の指示」は、直観や人との出会い、今関わっている人からのアドバイス、さらにはテレビや音楽、本、ネットなどを介してもたらされます。この中から気に留まったことや言葉などが、あなたへの「最高のメッセージ」となるのです。

多くの人は直観という形で何かを見たり聴いたり、今の自分にピッタリのアドバイスを受け取ります。

反対に自分の直観を信じないと、「最高の指示」を逃してしまうのですね。

かつて私も、究極の選択を迫られたことがあります。

その時、最後は自分に聞きました。

「私が幸せになるのはどっち?」

心のアンテナを広げて、今、天が導いてくれる「最高の指示」を見逃さないようにしたいものです。

「輝きある選択」

私たちには選択の自由があり、いくらでも「未来」を選ぶことができます。

良い選択を行い、その先どう歩んでいくかで、いい人生を自分で結論づけることは可能なのですね。

でも目先のことにとらわれて「負の選択」をしていくと、その度に怒りや苦しみを自ら作りあげてしまって、なかなか光明を得ることができず、「負の選択」に陥ってしまうのです。

二者択一や選択に迷った時には、まずは自分の魂に正直になりましょう。

そして「どちらを選んだら自分は輝くのか」「どちらを選んだら人の役に立つのか」を考えてみると良いでしょう。

「輝きある選択」が「輝きに満ちた未来」を引き寄せる鍵となるのです。

「答えは己の中にある」

私のもとに寄せられた相談の中で最近、増えているのが「悩み過ぎて答えが見つからない」「自分が何をしたいのか分からない」というケースです。

その理由は経済的な事情をはじめ環境が整わない、相手のことばかり考えるなどさまざまなことが挙げられます。しかし一番の問題は「周りから自分を見ている」ことにあると思います。

時には外から自分を見るのも大切ですが、重要なことを考える時には、しっかりと自分の中に立ち位置を作る方が、答えは出しやすいのです。

実は私にも、同じような出来事が起こったことがあります。

そして自分を内観した結果、原因は「焦り」であることに気が付きました。

焦りを感じたのは、他人のせいではありません。

自分が予定を詰めこみ過ぎたり、断れなかった経験はありませんか？

自分の中に「答え」があり、己の行動を見直してみれば、トラブルを回避することも十分に可能だったはずです。

「答えは己の中にある」

戸惑った時には、この言葉を自分に言い聞かせてみましょう。

「思考の輪廻《りんね》を抜ける唯一の手段は
勇気である」

仏教では「地獄・飢鬼《がき》・畜生《ちくしょう》・修羅《しゅら》・人・天」を「六道《りくどう》」と呼び、この6つの「迷界」の中で、衆生が輪廻していることを説いています。

親、学校、友人関係、上下関係などから刷り込まれた思考の枠で悩み続けますか？

それとも違う見方に挑戦しますか？

デヴィッド・R・ホーキンズ博士は『パワーか、フォースか』の中で、真実の力に目覚め、自分を変えるターニングポイントは「勇気」であると唱えています。

まさに、思考の輪廻を抜けるポイントは「勇気」なのですね。

「心の弦《げん》……
心の弦を太くて丈夫な弦にしていこう
そしたら弦を増やしていこう
弦が増えると自分のメロディが奏でられる
自分のメロディとは、自分のなりたい自分の
道のこと　自分の人生そのものである」

ある方のヒーリングをしていたら「心の弦」という言葉が浮かんできました。

楽器に1本の細い弦しかなかったら、音は鳴るけれども音楽は奏でられませんね。

これを人生に喩えるなら、心の弦が細いとすぐに切れてしまって、深みのある心地いい人生にはならないということです。

たとえ細い弦でも、夢を実現するための具体策や手段を考え実行していくこと。また「スキーマ（心の法則）＝考え方の癖」を認知し、改善することで弦を太くし、さらに増やしていくこともできるのです。

きっとあなたは「自分のメロディ＝人生」を紡ぐことができるはずです。

素敵なあなただけの音楽を奏でましょう。

「置かれた場所で努力せよ」

本書を読んで下さっている方の中にも、所属している会社や学校に不満を抱いている人がいらっしゃるかもしれません。

しかし「今いる場所」は、実はあなたが自ら引き寄せているのです。

なぜならそれらは全て、あなたの人生に必要な成長をもたらすために用意されているからです。

「今、置かれている場所」で、自分のできることに精一杯挑戦してみましょう。

そして自分の中で「力を尽くした」「この状況から十分に学びとった」と納得できたならば、そのステップから卒業です。

学校や職場のいじめにも何らかの理由があることに気付いたら、「逃げるが勝ち」という選択もありなのです。

「置かれた場所で努力せよ」

乗り越えた先に、光明はきっとありますから……。

「対外的な行動の癖を見直せ」

O脚の方のヒーリングをしていたら、「対外的な行動の癖を見直せ」というメッセージを受け取りました。

もともと人間は、脚を使って行動します。そのうえ脚は大地に近いパーツでもあり、行動に大きな影響を及ぼします。それゆえに脚に症状が出る人は、行動に問題があるケースが多いようです。

O脚の方の心理的傾向を見ると、意識がいつも外を向いているケースが目立ちます。周りの人に気遣いがある半面、「人にいいように思われたい」と対外的なことに目が向きやすいのです。

注意を払わないと、O脚の外向きの歩き方は修正されませんね。

脚の病は己の行動の癖を客観的に見つめ直すことが肝要です。

また脚に限らず、大きな病気をして初めて自分の疲れや過重なストレスに気付いてからでは遅いのですね。

ちなみに「いつも待ち合わせの時間に遅れる」ことも「行動のパターン＝癖」。

いつもより少し早く起きたり、ハプニングに備えて余裕をもって準備をしてみてはいかがですか？

行動の癖は、意識して改めると良いでしょう。

「経験こそ宝なり」

「私は苦労ばかりしていて……」と嘆く人をよく見かけます。

そもそも人は他者とともに共存していくわけですから、己の考えを通すだけで人生を終わらせることはできませんね。

各人の意見や経験、思考の相違により、多少なりとも自分が傷つけられたり、相手を傷つけてしまうこともあるはずです。

一生の間に親や兄弟、友人の死に立ちあって寂しさや悲しみを味わう……親の介護を通じて、親子の絆や多様な感情を分かち合う……。つまり経験があるからこそ、自他の思いを汲み取ることができるわけで、経験がいかに大切なものであるかが分かって頂けると思います。

このように私たちの人生のサイクルは、生涯を通してさまざまなことが体験できるように、絶妙に組まれているのです。ですから人が成長するためには辛い行など必要なく、生き抜くことこそが一番の行になるのだと感じます。

生きてこそ味わうことができる、宝となるべき経験を積み重ねていきましょう。

「瞬《まばた》きは一瞬の休息
静寂も心の休息なり」

郵便はがき

料金受取人払郵便

新宿局承認

6775

差出有効期間
平成27年6月
30日まで
（切手不要）

1 6 0-8 7 9 1

843

東京都新宿区新宿1－10－1

(株)文芸社

愛読者カード係 行

お名前《ふりがな》				明治　大正 昭和　平成　　年生　　歳
ご住所《ふりがな》	□□□-□□□□			性別 男・女
お電話番号	（書籍ご注文の際に必要です）	ご職業		
E-mail				
ご購読雑誌（複数可）			ご購読新聞 新聞	

最近読んでおもしろかった本や今後、とりあげてほしいテーマをお教えください。

ご自分の研究成果や経験、お考え等を出版してみたいというお気持ちはありますか。

ある　　ない　　内容・テーマ（　　　　　　　　　　）

現在完成した作品をお持ちですか。

ある　　ない　　ジャンル・原稿量（　　　　　　　　　　）

書　名				
お買上 書　店	都道 府県	市区 郡	書店名	書店
			ご購入日	年　　月　　日

本書をどこでお知りになりましたか?

1.書店店頭　2.知人にすすめられて　3.インターネット(サイト名　　　　　　　　)

4.DMハガキ　5.広告、記事を見て(新聞、雑誌名　　　　　　　　　　　　)

上の質問に関連して、ご購入の決め手となったのは?

1.タイトル　2.著者　3.内容　4.カバーデザイン　5.帯

その他ご自由にお書きください。

(　　　　　　　　　　　　　　　　　　　　　　　　　　　　　　　　)

本書についてのご意見、ご感想をお聞かせください。

①内容について

②カバー、タイトル、帯について

弊社Webサイトからもご意見、ご感想をお寄せいただけます。

ご協力ありがとうございました。

※お寄せいただいたご意見、ご感想は新聞広告等で匿名にて使わせていただくことがあります。

※お客様の個人情報は、小社からの連絡のみに使用します。社外に提供することは一切ありません。

■書籍のご注文は、お近くの書店または、ブックサービス(0120-29-9625)、セブンネットショッピング(http://www.7netshopping.jp/)にお申し込み下さい。

旧約聖書の『創世記』では、神が6日間、天地創造をして、7日目に安息したと書かれています。

こうして安息日が設けられ、休日にあてられるようになりましたが、実はこの日は自分自身を見つめて、1週間を内観する日なのですね。

それにちなんだ光からのメッセージは「瞬きは一瞬の休息　静寂も心の休息なり」です。眼は自然に瞬きを繰り返して眼球を清潔に保ち、乾燥を防いでくれます。つまり一瞬の休息で健康を保ってくれるのです。

同じように、どんなに忙しくても、心にも、ひと時の癒しをもたらしてあげましょう。心にゆとりが持てず忙しくしていると、直観力も鈍り、天が発信する情報をキャッチする暇もないまま、毎日が流されて人生が終わってしまいがち……。

鳥のさえずりや、風にそよぐ草木のささやき、雨の音に耳を傾ける。

ゆったりとした波の音に身をゆだねてみる。好きな音楽を聴く。

1杯のコーヒーを飲みながら、何も考えない時間を作る……。

心も身体も休ませて良いステップを踏んでいくために、そんな安らかな時間を自分に与えてあげましょう。

「もし迷子になったら
もし右も左も分からなくなったら
もし上も下も分からなくなったら
私は前に進みましょう
愛を届けるために」

秋も深まった頃、恋愛問題で悩んでいる方の訪問が続いたことがありました。

恋愛で心を傷つけられ「どうしてうまくいかないんだろう?」「私は嫌われちゃったのかしら?」と同じことを繰り返し思い悩み、堂々巡りで先へ進めないことが見てとれました。そして何をどうしてよいのか分からなくなり、自分の本音にすら気付かなくなっているようでした。

そんな時には深く考え込まずに「間を置く」「最初の考えに戻ってみる」「判断しない」「直観を信じる」ことを心がけてみましょう。

今までと違うものに視線を向けて己を客観的に見つめる機会があると〝ネガティブ循環〟から抜け出せるかもしれません。

自分に「時間」という愛を与えて今の気持ちから離れることで「ゆとり」という愛をもたらし、「切り替える」というプレゼントがやってきます。

愛を注ぐ対象は、自分でも他人でも構いません。自分が幸せなら、他人にも幸せを与えられるし、他人が幸せなら、自分も嬉しいことでしょう。

もし迷子になったら、もし右も左も分からなくなったら、もし上も下も分からなくなったら、愛を届けるために1歩、前進する勇気を持ちましょう。

「忍耐強くあれ」

子どもの行動に、イライラさせられたことはありませんか？

例えばおもちゃやペンを分解する子がいたら、お母さんは「おもちゃを壊したらダメじゃない！」と怒りがちです。

でも、実は子どもは壊しているつもりはないのです。

知りたいのです、どうなっているのか……。

人の行動には意味があり、それを一度「認める」ことが、人間関係を円滑にする鍵になるのだと思います。

ですから一旦、子どものことを「認めて」あげましょう。「して良いこと、いけないこと」はその後に教えればいいのです。

これは「親子関係」以外にも「夫婦関係」「恋人関係」「友人関係」「師弟関係」「会社の部下と上司」など、あらゆる人間関係に当てはまります。

相手が自分とは違うことを受け入れ、常に忍耐強くあることを忘れずに、人と接したいものです。

「器を育てるは人の道」

人の器は度量や経験、知恵などの総量によって、それぞれ大きさが異なります。

この器がいっぱいになった時、人は憤慨して怒りの矛先を他人に転じてしまいます。

ところが器が大きいと、容量が満たされて溢れ出るまでに時間がかかります。つまり器が大きいほど、他者の思いをより多く汲み取れるのです。

それでは器が小さいと、どんな弊害があるでしょう？

一番の問題は、自分とは違うものや意見に対して、怒りやストレスがたまることです。

このネガティブ波動が、自他の胃腸障害を含む肉体のトラブルを招きますね。

憤怒は時に、心臓や血管にまで影響を及ぼしたりもします。

つまり怒っても、何一つ良いことはないのですね。

器を広げて、寛大な見方で言葉や態度を選んでみましょう。楽に生きるコツです。

「健康は最良のバロメーター」

私のもとには、腰痛や脚の痛みなど、身体の不調に悩んでいらっしゃる方が度々訪れます。そういう方を拝見していると、病の原因が生活環境とともに、それぞれの「思い」の中に潜んでいることが見てとれます。

なかにはそうした「思い」の根源が、幼少期の経験や、過去世にまで遡れることもあり、状況が積もり積もって、症状が出た時にはすでに心身ともにかなりのダメージを被っている場合が多いようです。

常に心と身体は一体。

今、病気を抱えているなら、病の中に隠れた本当の心の状態に気付くチャンスだととらえると良いでしょう。

ただし先天的な障害のある方などは「今回はそういう経験をしよう」と決めて生まれていらっしゃるケースが多いように感じます。

「健康は最良のバロメーター」です。

良い食事、良い姿勢、良い心、良い見方、良い判断、良い行動、良い思い、良い言葉、良い表情をしているか、自分で再確認をしてみましょう。

「感謝して光の食べ物をいただく」

私たちはもともと1つの光のエネルギーから分散してできた「光の存在」です（詳しくは95ページを参照下さい）。

事実、1974年、フリッツ・アルバート・ポップはDNA内のバイオフォトン（生体光子）の存在を立証しています。

つまり我々は生来、身体の中に「光」を抱いているのです。

それでは「光がいただく食べ物」とは一体、何でしょう？

「光と結びつく食べ物」として真っ先に思い浮かぶのが光合成、つまり植物ですね。

なかでも「光の食べ物」として特にお勧めしたいのが、有機野菜や無農薬野菜、穀類、果物、豆類、海藻類、小魚や水、塩です。

最近、良質のたんぱく源として世界的に注目を集めているのが大豆ですね。

知人からミートもどきの大豆を紹介されました。きちんと下処理をすると大豆の臭みが取れて、まるで肉のような食感が出せると伺い、肉の代わりに使っておいしく味わいました。

「感謝して光の食べ物をいただく」

いろいろ工夫して、家族に喜ばれる料理に挑戦したいものです。

「言葉は矢にもギフトにもなる」

「言葉」は昔から「言霊《ことだま》」と言うように、非常に強いエネルギーを持っています。

人が話すと「喋った波動」が、そのまま放たれます。

特に誹謗中傷《ひぼうちゅうしょう》は、相手に深い傷を負わせますね。

このように良くない言葉は時に、人に猛威をふるいます。

その威力と攻撃性は暴力にも匹敵するほどで〝標的〟に致命傷を与えます。

ということは、逆に言葉は、使いようによっては人を伸ばし、開花させる素晴らしい「道具」にもなり得るわけです。

今、発することで「矢」になってしまう言葉も、少し間を置いてゆとりをもって伝えると、アドバイスという「ギフト」に変わることがあります。

言葉の力を知り、大切に使っていきましょう。

「心の扉をガラスの扉にしよう
さすれば見通しが利く
ありのままで生きられる
自分を守ることもできる」

時に、関わりを持ちたくないものが接触を求めてくることがあります。

それは苦手な人であったり、気の乗らない仕事であったり、あるいはあなたの気分を滅入らせる〝厄介事〟であるかもしれません。

どちらにしても、それらはあなたの領域に入り込み、あなたを苛立たせ、日常を引っ掻きまわす危険性をはらんでいるはずです。

そんな時には、それらに関心を寄せなければいいのです。

波動を合わせなければ、その〝根源〟はあなたのもとへは届きません。

ガラスの扉は透明ですから、あなたに悪い影響をもたらすものをきちんとより分けて、遮断してくれるものです。

心に見通しの利くガラスの扉を付けて、あなた自身を守りましょう。

そして〝あるがままのあなた〟で生きていきましょう。

「無情・無関心は非情の道」

世の中には、人の痛みが分からない無情な人間がいるものです。

東日本大震災の前の日本では、特にその手の人が目立ちました。

無関心が蔓延し、隣りにどんな人が住んでいようが「我関せず」という人が非常に多かったような気がします。

「無関心という社会性」は、非人情的で冷酷さをはらんだエゴの塊だと思いませんか？

「自分さえ良ければ……」という考え方がはびこり、相手を気遣えない利己的な姿勢が窺えます。

そういうものの見方や自分自身であるならば、情もなく、他人の感情も分からなくなり、「非情の道」を歩むことになるでしょう。

「自分が同じことをされたらどうするか」を考えて、相手の立場を思いやる心を持ちたいものです。

「自分の罪を許しなさい
他人の罪を許しなさい」

自分が犯してしまった失敗を認めるのは、難しいものです。

「こんなことをしなければよかったのに……」と思い悩んで前に進めず、過去の出来事にとらわれ続けている方をよく見かけます。

「後悔したこと、させられたこと、かけられたこと」「悲しい思いをしたこと、させられたこと」「いじめたこと、いじめられたこと」……これらを「罪」と言うならば、今しておくことがあります。

「自分の罪を許しなさい。他人の罪を許しなさい」

自分の心と対話していくと、己の弱さが明白となり、自分自身が認められるようになるものです。

いっぽう他人の起こした行動にも、必ず理由があり、相手に望むほどの手腕がない場合や、偏った考え方しかできない人もいますね。

それを認めてあげれば、怒りや憎悪などのネガティブな思いを抱かずにすむでしょう。

認めて許し、その状況から抜け出して、次の段階へステップアップしていきましょう。

「目には涙を　口にはつばを」

眼球の涙腺《るいせん》から少量ずつ分泌される涙には、目を潤し、洗うという大切な役割があります。涙がなければ瞼《まぶた》を閉じることもできず、細菌や紫外線から目を守ることも、ままならないでしょう。

さらに唾液がなければ、食物の咀嚼をしたり、発音や会話をスムーズに行うのに支障をきたしますし、口の中が乾燥して雑菌が増え、虫歯もできやすくなってしまいます。

涙もつばも目や口の働きを補い、助け合って生きているのですね。

私たちは人生を歩むうえで、そんな生き方を選んだ方が得だと思いませんか？

やられたら、やり返し、報復を繰り返すだけでは、戦いの精神と競争意識しか生み出さないでしょう。

心の平穏や世の平和のためにも「お互いが、お互いあってこそ」と助け合う生き方の方が、心地好いとは思いませんか？

「目には涙を　口にはつばを」

双方が尊重し協力し合う、心地好い生き方を追求していきましょう。

「尊《たっと》ぶ心」

御先祖様を含め、先人として生きて経験を積んでいる両親や祖父母、兄姉、先生、先輩、上司などには、それまでの生きざまに敬意を払う心掛けを持ちましょう。

そうした「尊ぶ心」を育むためにも、地域や学校など、社会全体で子育てを行うような取り組みがあっても良いのではないでしょうか?

持論を展開する時も、敬う接し方で対応すれば、相手も快い態度で接してくれるものです。

「尊ぶ心」を忘れずに、謙虚に清々しく生きていきたいものです。

「愛するということは、まず己を愛すること」

愛を信じなさい。

愛を信ずる者が、将来の希望を生むのです。

たとえ心に闇を持っていても、自分を許し、愛しなさい。

今の自分に満足していれば、他人に満足を与えることができます。

自分のことを好きになるコツの1つは、「なりたい自分」になる努力をしてみることです。

「自分を愛すること」とは、「自分が最もなりたい自分」に磨き上げることです。

第2部

宇宙とつながるメッセージ

「私たちは宇宙を構成する細胞の1つです」

私たち人間は、もともとたった1つのエネルギーから生まれました。

宇宙はビッグバン以来、膨張し続けています。原始宇宙の高速素粒子は※ヒッグス粒子によって質量が与えられ、物質化していったのですね。

地水火風空《ちすいかふうくう》を構成し、ついには生物とその意識も誕生しました。

ゆえに人も自然も、地球や全ての宇宙を構成するものは、元を正せばみな1つのエネルギーからできた「光」であると言えます。

私が「光のチャンネル」に合わせた見方をすると、全てのものは、無限に広がる仏像の光背《こうはい》のようにつながり、連動し合っていることが分かります。

人間の身体は約60兆個の細胞によって構成されているにもかかわらず、1人の「人」として見え、地球も遠くから眺めれば、1つの天体として見えてきます。

「私たちは宇宙を構成する細胞の1つです」

1つ1つの細胞が正しい動きをするならば、おのずと宇宙の健康は保たれます。

人間という構成要素がエゴという「宇宙のガン細胞」にならないよう心掛けましょう。

人体の細胞がそれぞれ役割を持ち、連鎖して働くように、人間も樹も山も動物も、みな関わり合って生きる仲間です。全てに思いやりを持って、大切に接したいものです。

※「ヒッグス粒子」は、現代素粒子物理学の枠組みである「標準理論」が存在を想定している17種類の素粒子のうち、唯一、見つかっていなかったもの。万物に質量を与えるとされる新粒子で、2012年、素粒子物理学の国際研究チームにより「発見」されて、話題になった。当初は、そのニュースを疑問視する専門家もいたが、2013年、欧州合同原子核研究機関（ＣＥＲＮ）により、前年に「発見」された素粒子がヒッグス粒子であることが「正式発表」された。

「家族とは
究極の分け魂《みたま》と無償の愛を経験する場である」

家族とは、先祖から祖父母、両親を経て自分へと連綿と連なる「命の系図」です。私たちはおびただしい先祖のＤＮＡを引き継いで、この世に生まれてきました。

そんな自分の遺伝子を最も色濃く受け継ぐ我が子は己の分身であり、まさに「分け魂」であると言えるでしょう。

親は自分の「分け魂」である子どもに、無償の愛を捧げます。

もともと私たちは、たった１つのエネルギーから分かれてできた存在です。

宇宙の生き物を産んだ大きなエネルギーを「父」と考えるならば、我々は皆、その「分け魂」であり、「父なる存在」は、善人も悪人でさえも、全ての分け魂に対して溢れんばかりの無償の愛を注いで下さっているのです。

「心の奥底に潜む邪《じゃ》を
全て吐き出しておくように
心の滞《とどこお》りをなくして、
精神生命の源に気付くように
本質を見極めよ」

何か心に引っかかっていることはありませんか？

それはネガティブなことや、あるいは解決できないトラブルであるかもしれません。

それが何であるにせよ、今、あなたの心に滞っているものを見つけて、1つ1つ対処していきましょう。

自然と自分が好きになり、愛することができるようになります。

もともと私たちの本質は「愛」なのです。

「精神生命の源」とは、愛そのものです。

愛は陰陽の全てに注がれ、たとえ善悪の言うところの悪者であっても「心が改善するといいね」と、天は彼らを優しく見守っているのです。

心の岩戸開きをして「無償の愛」の存在に気付きましょう。

「人は人のふりをした霊ト《ひと》である
霊トは本来の形」

「人＝肉体」だと思い込んでいる人は、意外と多いものです。

人間は肉体という洋服をまとっているに過ぎず、実はその内側にある魂自体が「本当の霊《ひ》ト《と》」、つまり「本来の自分」なのです。これを「霊主体従」といいます。

それゆえに人間は「本当の霊ト」を磨いていく必要があるのです。

常に「それは自分にとって心地がいいの？」と問いかけながら、生活していきましょう。

言いたいことを我慢する人は、やり場のない思いだけが残ってしまうものです。

もし他人と違う意見があるならば、まず相手の言い分を「なるほど」「そうね」と、一旦、受け止めてあげましょう。

そのうえで「私の考えも聞いてくれる？」と語りかけると、相手は壁を取り払ってくれるはずです。かえってお互いの意見が混ざり合って、分かち合うことにもなりますね。

「霊トである本心」を伝えること。たとえ相手に受け入れられなくても、本心を話したことで、その後の心身に与える影響が、全く違ってくるのです。

己の本心に忠実に心地好く、御魂《みたま》を磨いて生きていきましょう。

「いらぬ命など1つもなく、命短けれども、
命ある限り、自分の前途に期待せよ
自らの価値に趣《おもむき》を置くこと」

終戦記念日を前に、若い方の自殺を報じるニュースが相次ぎました。

命というものに趣が薄れている人が増えていることに危機感を抱いた時に、天からちょうどこのメッセージを授かりました。

人には誰しも「役割」があるものです。

競争社会の中で自分の感情という命を削りながら生きていくことが幸せかと問われると、決してそうとも言い切れません。

対照的にお金はなくても、大自然と共存しながら、満たされた思いで暮らしている人も大勢いるのです。

このように幸せを推し量るものさしは多様かつ多面的で、簡単にひとくくりにはできません。

私たちは、置かれている国や組織、家庭での役割などを通じて、それぞれが学び合っているのです。

世の中にはいらぬ命など1つもありません。

自らの役割を見出して、大切な人生をより良く生きていきましょう。

「豊かであるという発想」

私たちは、自分の環境と身体を選んで生まれてきました。

例えば先天的に目や耳、肢体が不自由な方がいらっしゃいますが「今回は人のお世話になる生活を経験して、感謝の気持ちを味わおう」とか「視覚や聴覚以外の他の感覚がいかに働くかを、自分で体験してみよう」と決めて、生まれてきたのです。

「足りない」という発想を「自分は十分である」という発想に転換すると、人生がどんどん好転していきます。

こうした思考を続けていくと「チャンスがない」のではなく「チャンスはつかむもの」と明るく思えるようになります。

そもそも地球に誕生したこと自体、素晴らしく豊かなことなのですから、満たされた心持で生きていきましょう。

「チャンスは平等に与えられている」

この世には、さまざまな国籍や宗教、思想を持つ人々が暮らしています。

おのおのの生活レベルは、所属する組織や階層、収入によって、著しい格差があります。

一見、不平等な世の中に見えますが、実はそれぞれの器と成長に応じたチャンスが平等に与えられているのです。

太陽の光は誰しもに惜しみなく注がれています。それを眺めて光の暖かさを味わうのも、家に閉じこもって光を浴びずに過ごすのも、自分次第なのです。

特に富に関しては、エゴイスティックに己の発展や利潤の追求だけに明け暮れるのではなく、お金の流れがバランス良く循環するシステムを発展させましょう。

こうして貧しい人たちにも、めいめいの秤に適した最低限の生活基盤や機会がもたらされ、チャンスを分かち合うことができれば、より高度な社会へと進歩していけることでしょう。

「チャンスは平等に与えられている」

好機は自分でつかみ取ること。

同時に世界中の人々が、それぞれの身の丈に合ったチャンスを等しく享受できるような世の中を実現しましょう。

「土地も人の心も人生の経験も、
すべて自分が境を作り出している」

2012年、九州地方で大雨があり、痛ましい洪水の被害が続きました。

なかには土砂が流されて、土地の境界がなくなってしまった地域もあったようです。

そんな時、このメッセージを授かりました。

「土地も人の心も人生の経験も、すべて自分が境を作り出している」

「境地」とは、「土地に境がある」と書きますが、もともと大地には「境」がありませんでした。そこを「境界線」で隔てたのは、他ならぬ我々、人間なのです。

思えば、私たちは知らぬ間に「自分の境」を設けてしまいがちです。

「自分の技量はこんなものだろう」「自分はまだまだ……」「しょせん、自分はこの程度の人間だから……」「これぐらいの儲けがあればいいか」……。

こうして、ついつい自分で自分に「枠」を付けてしまうのです。

枠は己の成長を阻み、自らの可能性を封じ込めてしまいます。

あなたの枠を取り外せるのは、あなただけです。

自らの「境」を外して、羽ばたく勇気を持ちましょう。

「因《いん》果《が》応《おう》報《ほう》のこと」

私たちが自らの意志で選んで実行したことは、必ず「その通りの結果」を導き出します。この法則を「因果応報」といいます。

釈迦《しゃか》は因縁より「善因善果《ぜんいんぜんか》」「悪因悪果《あくいんあっか》」「善因楽果《ぜんいんらっか》」「悪因苦果《くか》」が生じると説いています。

キリスト教では、ガラテヤ書6章7・8節に「自ら欺《あざむ》くな、神は侮《あなど》るべき者にあらず、人の蒔《ま》く所は、その刈る所とならん」「己が肉のために蒔く者は、肉によりて滅びを刈り取り、御《み》霊《たま》のために蒔く者は、御霊から永遠の生命を刈り取らん」と唱えています。

このように昔から、どの宗教でも「因果応報」を表す、共通した教えを伝えています。

あなたが今やろうとしている計画は、実行に移した時点で、すでに「答え」が決まっています。

「なかなか結果が出ない」と悩んでいるなら「原因」と「結果」の分析をしてみて下さい。

どんな結果にも、その過程の中にヒントが隠れているものなのです。

「徳の循環、苦の循環」

今まで順調に成長を遂げてきたスキルや技量が急に伸び悩む、いわゆる「停滞期」。下降しているような気分になって「苦痛だ」と思いがちですが、それは次のステップに上がるための「学びの期間」なのですね。

そんな時には苦しみの中で内観し、止《とど》まる原因を発見できると、また上昇に転じていきます。

まさに「徳の循環」の如く……。

いっぽう学びの期間を「苦行」ととらえると、不安という苦の器の中でもがき、「苦の循環」に陥ってしまいます。

もともと良いことも悪いことも、引き寄せているのは自分自身なのです。徳を積むには、偏見を捨てて大いに楽しみ、人それぞれの存在を認め合い、分かち合うことが大切です。

「同じことをされたら自分は嬉しいだろうか」「心地好いだろうか」「それをすると役に立つのか」を、行動の前に思案してみましょう。全てに心地好い行動や言葉は「徳の循環」を生んでいくのです。

天は、徳によって自然に整っていく状態を「無為《むい》明神《みょうじん》」とも教授しました。

「徳の循環」を生きる糧にしていきましょう。

「笑福《しょうふく》」

東日本大震災から2年が過ぎた日、テレビでその後の光景が映し出されました。

まだまだ復興が進まぬ現状を目の当たりにして、胸が痛みます。

そんな中で、被災者の方々は笑顔を見せ、前を向いて生きているのです。

「笑福」

笑顔は私たちに特殊な波動を伝えてくれます。

笑いは、なごみと平和の心情を生みだすもの。

場がなごみ、新しいアイデアが生まれ、発想の転換や発展を促してくれます。

笑顔の先に笑顔あり。

福々しい勢いや展開をもたらしてくれるのです。

そんな美しい笑みを絶やさぬ人に周囲の人間は癒され、励まされ、いつしか勇気づけられているものです。

私たちも、被災した方々の心に寄り添い、笑顔を忘れずに、復興とご冥福を心よりお祈りしたいと思います。

「相違を認める」

最近、地球を取り巻くエネルギーの変化をとみに感じます。

そうした「変容」の兆しが影響を及ぼしているのか、心身の変化（浄化）が始まっている人が増えています。

そんな時に、「相違を認める」という言葉を授かりました。

私を訪ねてくる方々の多くは「原因」を知り「変化」を望んでいます。

仕事がら、私は「気」や「霊体」という目に見えない力をどう表現するか、常に模索しているような気がします。

私の心掛けとして「極力、具体的に語る」「常に信頼関係を大切にする」「ヒーリングや鑑定を通してとらえた情報を、できる限りそのまま伝達する」ことを念頭に、相手に分かりやすく、言葉を大切に伝えています。

とはいえ人は千差万別で、誰もが独自のルールや見方を持っています。

相違を認めたうえで、どんな方にも「今」起こっている「真実」をお知らせしていく工夫に努めています。

「愛とは心を受け入れる時こそ、愛となる」

「受」という字に「心」をプラスすると「愛」に限りなく近い文字ができるのをご存知ですか？

「愛」という行為には、その字が如く「相手の心を受け入れる」、あるいは「他人を許す」という意味が含まれています。

例えばいじめの根源も、こうした「相手を許容できない気持ち」にあるのではないかと思います。

「自分にはないもの」「自分のレベルにはおさまらないもの」を受け入れられないからこそ、攻撃に転じ、その結果、「心」まで侵害してゆくのですね。

では、他人に与えたものはどうでしょう？

「必ず自分に返ってくる」のです。

他人への暴力的な言動は、そのまま暴力的言動となって返ってきます。反対に人に対して柔和な感情を抱いたならば、相手も温かい気持ちを返してくれるものです。

時間の長短はあれど、自分がもたらしたものはブーメランのように跳ね返り、いつか何らかの形であなたの身に現れるでしょう。

「愛とは心を受け入れる時こそ、愛となる」

相手や自分の感情を受容し、認めてあげると、意外に解決の手段が見つかるものなのです。

「和を以《もっ》て合を成す」

出雲大社参拝の折り、かの地でふと「和を以て合を成す」という言葉が降りてきました。

出雲大社は縁結びの縁起があるだけに、祭神である大物主神《おおものぬしのかみ》の「和を尊ぶ」の精神が、私の心を打ちました。

聖徳太子の『憲法十七条』でも、「和」という言葉が出てきますが、「和」と似て非なる言葉が「多数決」です。

現代社会では、「多数決」が物事を決める「絶対ルール」になっていますが、少数派にとって「賛成多数」で押し切られてしまうのは「除外されたも同然」。

互いの相違を認め、良い道を紡ぎながら、それぞれが和合し、納得し合って1つのものを作りあげていくという姿勢こそが、「真の平和」につながるのでしょう。

「人」という字が、2本の柱で支え合って形成されているように、「国家」も「個人」も、「個」では存在できません。

地球上に生きる全てのものが、相互に頼り頼られる存在であることを理解したうえで、仲良く分かち合って「和」を結んでいきたいものです。

「分《わ》掲《か》ち合い（分かち合い）の精神」

「天」から眺めると、地球には我欲に満ちたエゴイスティックな考え方がまだまだ多く見受けられるとのこと。

己の要求ばかりを突きつけていると、結局は望むものを失ってしまいます。

「タライの法則」をご存じですか？

タライに水をはり、両手で水を「欲しい、欲しい（自分だけが、自分だけが）」と、自分の下へ引き寄せると、水の流れはタライのフチを伝って全部、反対側の相手の方に逃げていきます。対照的に「あげる、あげる！」と、相手の方へ流すと、フチに沿って水が自分の方へ戻ってきます。

1枚の画用紙に円（輪）を幾つも描くならば、輪と輪が重なるところが現れます。輪を人になぞらえてみると、輪と輪が重なるところは、めいめいが「分かち合える＝和搗ち合える」部分だと言えるでしょう。

自分の持ち分を分かち合う精神こそ、協調性や互いへの理解が深まり、あげくは自己の利益として戻ってくるものです。

「いたわる、いつくしむ、尊《たっと》ぶ精神を重んぜよ」

地球の文明が発達すればするほど、人間は物質社会を重んじ「人の心」を失いがちで、精神性はおろそかになります。

とりわけ文明社会に生きる人々には、傲慢さとおごりが色濃く見られます。

その影響は自然破壊を増長させ、多くの動植物が犠牲になって住みかを追われています。

さらには社会の格差を生み、困窮して餓えに苦しむ人が後を断ちません。

今、本当に大切なものは何なのか、「先見の明」を持つことが大切です。

仏教で言う「慈悲」、キリスト教で言う「慈愛の精神」に込められた「いたわる、いつくしむ、尊ぶ精神」を尊重し、生きとし生ける全てのものに対して、いたわりといつくしみの心を持ちましょう。

そして地球に生きる仲間として彼らを尊び、いかに手を差し伸べることができるのかを、真剣に考えましょう。

「千《せん》手《じゅ》が如く」

ある日、山梨県の北口本宮冨士浅間神社《きたぐちほんぐうふじせんげん》に参拝した時、御神木の前に立つと「千手が如く」という御神言がありました。

千手観音の千本の手は、観音の慈悲と力の広大さを表し、どのような衆生をも漏らさず救済しようとします。

御神木を見上げると、2本の木から互いに日光を「分かち合い」「助け合い」、多くの枝葉が出ています。

その瞬間、「千差万別にて、千手の腕によって千の施しをするがよい。千の知恵をもって千の叡智をもって施していきなさい」というメッセージが心の中に流れ込みました。

人の2本の腕も、2人になれば4本になり、3人揃えば6本……というように、無限に増えていきます。

絆を結ぼうと助け合う人々が集えば、いつか「千手が如く」シェアし合い、救える方々も増えることでしょう。

「大らかに、大らかに、寛大であれ」

今、地球は「アセンション（次元上昇）」を迎えています。

原因不明で体調が悪くなる人が増えたり、現代社会の病の1つでもある体罰の事件が報道されたのをきっかけに議論が起こるなど、闇の浮上（明確化）を体現しています。

これも変化の時、産みの苦しみととらえ、大らかに寛大に見ていくことを「天」は望んでいるのです。

もともと地球には「時間」が存在しますから、何事も解決するにはそれなりの「時」が必要です。

1つの現象だけにとらわれずに広い心持で、物事を全体から見渡しましょう。

「生命《せいめい》の樹　それはいつも己の中にありて、
生き生かされていること
生命とは天地自然の中に息づく、命の源
地《ち》水《すい》火《か》風《ふう》空《くう》に含まれる命の源に、
気付き気付かされ、
生き生かされていることに気付くこと」

聖書で「善悪の知識の木（知恵の樹）」と並んで、楽園の中央に立つ樹を「生命の樹」といいます。その実を食べると永遠の命を得るとされていますが、ある時、この「生命の樹」について深く考えたことがありました。

そしてこの樹は「生き生かされている自分に気付くためにあるのだ」と思い至ったのです。

そもそも自分に振りかかる全てのことが苦痛もなく、楽しいことばかりということはありませんね。

ことの善悪や苦楽は、自分と他者や物との関係性によって理解できるのです。

だから「生命の樹」とは、もともと自分の中に植えられており、「自分とは何者か」という問いかけとともに、己と他者との関わりを見出すために存在するのだと考えます。

「善悪の知識の木（知恵の樹）」についても、同じことが言えます。

神に背いて、アダムとイブがその実を食べてしまったことにより、人間は善悪の知識を得て、罪を背負うことになります。しかしそのお陰で人は善悪を知り、経験することができたのです。

私たちがカルマを解消していくためには、他人との関係性を見出し、相違や許容を経験していくことが不可欠でしょう。

そのための「生命の樹」。それは自分の中にあるのです。

「自然との共生」

私たちが地球上にもたらした「発展・開発」は、使いやすさや利便性という自己中心的な発想にこだわり、将来それが何を破壊し、自滅に導くかという理解を欠いているのではないでしょうか？

我々が住まわせてもらっている地球は、生きているのです。

実際にオゾン層や森林の破壊、中国の大気汚染「PM2・5」などが人類の生活をおびやかし、喘息やがん、肺炎などの深刻な病を引き起こしています。そもそもオゾン層とは、地球のオーラ＝霊的エネルギーなのです。

また東日本大震災では、原発という自分たちが作ったものに自らが侵されてしまうという事態に見舞われました。

私たちは皆1つです。

地球も人類もともに生きる仲間であることを認識し、これ以上、地球を乱さないという心構えが必要です。

大いなる発展の行く末に見える出来事に「愛」が伴っているのかを熟慮しながら、自然と共生する方法を改めて考えていきましょう。

「何も起こらないのではないのです
何も起こさないのです」

東日本大震災では、津波が予想外のスピードと威力で町を呑み込み、人々の平穏な暮らしを奪い去りました。

実は巨大津波の記録は、日本に数多く残されています。

1605年の慶長の大地震による津波では、伊豆の「願栄」という僧侶が、浸水がどこまできたかを書き残しています。

また南三陸地方で東日本大震災の津波の被害を調査した歴史学者の磯田道史氏は、ある興味深い報告をしています。それは、神社の手前で津波が止まったケースが多かったという事実です。実際、南三陸のある小学校では、教員が近くの神社に児童を誘導して、被害を免れたといいます。

磯田氏は、南三陸の多くの神社が流されなかったのは、幾度も津波に襲われてきたために、神社が「建つべきエリア」を学習し、その位置に造られたからではないかと分析しています。

このように先人は、後世にさまざまなメッセージを伝えています。

もともと日本は地震の多発地帯で、全国に活断層が網の目のように張り巡らされています。

その事実から目を背けて「何も起こらない」と盲目的に信じるのではなく、「起こさない努力」をすることが大切なのです。

「天《てん》地《ち》安《あん》穏《のん》」

2011年の8月に「天地安穏」という言葉を授かりました。読んで字の如く「天も地も穏やかであるように」という祈りの気持ちを持つことを勧めるメッセージです。

その後、たまたまある寺で「安穏」と書かれたポスターを目にしました。同じ言葉が、宗教に関わる方にも降ろされているのだと、感慨深いものがありました。

もともと人は「思う」だけで、その「思い」が波動を起こすと言われています。

それを証明するデータが、実際に発表されています。元カリフォルニア大学の心臓学教授だったランドルフ・ビルド氏がサンフランシスコの病院で患者を2グループに振り分けました。そして全国の教会から「祈ってくれる人」を募集して、片方のグループの患者のために祈ってもらったのです。すると祈ってもらったグループの患者の方が、祈ってもらわなかった方よりも明らかに病気の進行が遅かったそうです。

このように「祈り」は波動を大きく動かし、それが集合的であるほど現実化しやすいと言われています。祈りは集団意識として、大きな役割を果たすのでしょう。

地震や鳥インフルエンザなど、不穏な天変地異のニュースが連日、報じられていますが、私たちの祈りのパワーが結集することにより、大難が小難になることを期待しています。穏やかな心持で「天地安穏」をお祈りしましょう。

「天は自然に法《のっと》る
自然ゆえ道となる」

太古から、地球は太陽の周りをずっと回り続けてきました。太陽は東から昇って西へ沈み、月は満ちては欠け、川は上流から下流へ流れ、その動きを変えることはありません。

このように自然は同じリズムを奏で続け、変わらぬ営みを繰り広げています。それが自然の道理であり、秩序なのです。

アンテナを張って良く観察していると、自然はさまざまなことを教えてくれます。例えば地震の前に現れるという「地震雲」もその1つで、最近、注目を集めています。

「自然の法則」は、私たちの人間関係にも、寸分の狂いもなく当てはまります。「輪廻の法則」や、前述した「与えれば戻ってくる」という「タライの法則」（123ページ参照）も、その喩えです。

実はこうした自然の秩序をそのまま取り入れて生活すると、全てがうまく運んでいきます。

昔の人は太陽の動きに合わせて、季節や時刻を決めて生活していたでしょう。ところが現代人は夜型人間が増えて、体内時計のルールを乱しています。これでは肉体が悲鳴をあげ、心身ともに病んでしまいます。

「天は自然に法る　自然ゆえ道となる」。自然の理《ことわり》に法って生きることを、糧にしていきたいものです。

「人柱を立てよ」

「人柱を立てる」とは「天のエネルギー」と「地のエネルギー」、さらに「自分自身」が1つになって、1本の柱を立てるということです。こうして「天地人」が一体になると、気の柱が背骨を中心に立ったような感覚になります。

「人柱を立てる」ためには、まず「心を整えること」が必要です。そもそも人生は経験を積むプロセスであり、経験を紡いでいくことに意味があり、楽に楽しく、笑顔で生きていける方法を見出すことが肝心です。こうした意識を常に心の深いところに留めながら他人と接し、なおかつ己の意志を貫いて、自らが喜ばしいと思えるような生き方を追求していくのです。

ともに、肉体をも整えましょう。もともと私たち人間は、脳の松果体《しょうかたい》を通して光を取り込むことにより、肉体のエネルギーを上昇させていきます。その方法として私がお勧めしているのが、「瞑想」と「グラウンディング」です。

まず「大地」のエネルギーとしっかりつながり、大地と己のエネルギーを交換して良いものを取り入れ、不要なものは出すというイメージをしていきます。かくして大地と一体化し（グラウンディング）、自分が浄化されていくさまを思い描いたら、次に「天」とつながります。

こうして「人柱」を立てると直観力が冴え、物事がいい方向に転がっていき、思いが叶いやすくなります。そして「辛くて仕方がない」という生き方から脱することができるのです。

「光の渦《うず》」

このところ光のエネルギーが増大し、渦となって天から降り注いでいるのを感じます。もともと全てのものは「光り輝くオーラ」、すなわち「光のエネルギー」を発しています。ありとあらゆるものが、それぞれの波長とリズムで電磁波を発生しているのです。

そもそも「渦」が起こるところには、大きなエネルギーが発生するものです。台風や竜巻、鳴門海峡の大渦巻などのように、巨大なエネルギーが集まると巨大な「渦」が巻き起こります。同様に「光の渦」もエネルギーの集合体です。それも、心の整ったポジティブな活力が集まったものだと言えるでしょう。思いやりがあり、エゴの意識を持たない人たちが増えれば、彼らの放つパワーはどんどん膨らんで強い波動となり、ついには「光の渦」へと発展します。

ひとたび「光の渦」ができると、良い波動を持つ人たちの集合意識が働くので、必ず周りにも良い変化をもたらしていきます。渦に近づく人たちを巻き込み取り込んで、計り知れない影響を与えていくのです。

実は「光の渦」は、誰のもとにも溢れんばかりに注がれています。

忙しさや我欲によって自分を塞いでしまわず、光の力を受け入れる準備が整えば、日常生活のあらゆるシーンに「光のメッセージ」は届きます。

その存在に気を留めて良いパワーを受け取り、自ら「光の渦」の一員となりましょう。

「神《かみ》人《びと》世《よ》　これが如くあり給う」

ともすると私たちは、自分が「神」とはかけ離れていると思いがちです。

我々はもともとたった1つの大きなエネルギーから生まれてきたことは、前述しましたね。

その大きなエネルギーを「神」と呼ぶならば、私たちは神様の分け魂《みたま》であり、元来、神のエネルギーを持っているのです。

これを、ナザレのイエスは「父なる神」及び「神の子」と表現しています。

つまり我々は「小さな神様」とも言うべき、聖なる存在なのです。

ですから神様と同じように他人にも無償の愛を抱けるわけで、そうした人たちが増えれば、世の中から弱肉強食の争いは一掃されることでしょう。

私たちは自分に内在する「内なる神」に、早く気付く必要があるのですね。

その認識のもとで、常に「神はこれをするだろうか?」「神は何を望むだろう?」と熟慮して物事を判断していけば、浮足立ったものの考えや行動を控えることができるはずです。

宇宙が目指す究極の世の中は「神人世《かみびとよ》」です。

自らの中の「内なる神」に目覚めましょう。

そして「神人」にふさわしい生き方をしていきましょう。

「全て無であり空である」

人類は自分たちの営みを中心に生命のルールを作りあげ、結果的にそれが人心の荒廃をもたらしています。同時に人間は自然環境を破壊し「天地の法則」とも相反する生き方を選択しています。そうした事態を招いた主たる原因は、人が自ら作りあげた「エゴ」に過ぎません。

そもそも天地は「我」というものを持っていないのです。私欲も我欲もありません。全ては想念、作りあげた観念と感情の形態なのです。

我々は一瞬一瞬を経験しながら、すでに過去であり今であり、未来を紡いでいくのです。私たちは経験を体現するだけであり、例えばジュースを飲んだら「甘い」とか「冷たい」ことを体感したら、もう何も残らないのです。

そもそも悲しみも苦しみも喜びも、作りあげたのは皆、人間なのです。「～しなければならない」「～であるべき」という思い込みの境地も自分で編み出したもの。それらは全て、大いなるエネルギーから私たちが「分け魂」となって分離していった時に、それぞれが、さまざまなことを体験するために、自ら設けたものに過ぎません。我々がお互いに補い合い、認め合えば、他人の物を欲したり、自己の領域を誇示する必要はないのです。

私たちは、たゆまず動き続ける十分な肉体に感謝し、歓喜を経験しましょう。

人法道十徳《にんぽうどうじっとく》

★三位一体《さんみいったい》のこと（魂・精神・肉体）
★和を以て合を成す
★笑福《しょうふく》
★人生は経験を紡ぐプロセスである
★輝きある選択
★自らを癒し、整える
★自然との共生
★尊ぶ心、感謝の心
★愛と勇気と叡智
★ありのままに生きる

これまで私が「天」から授かったさまざまなメッセージを紹介してきましたが、それを10項目にまとめています。

どれもシンプルな言葉ばかりですが、「天」の教えをくまなく網羅し、大変、重要なことを表しています。

皆さんの暮らしの中に、上手に取り入れて頂くことを願っています。

最後に、私が結果的に辿り着いた「究極の言葉」をお知らせしましょう。

それは「慈愛」「慈悲」「常楽《じょうらく》」「安堵」の4つです。

「いたわる」「いつくしむ」「楽しく生きる」「安心して生活する」――この4つの愛をお伝えして、筆をおきましょう。

人生に迷ったら、ぜひ本書をひもといて、腑に落ちる言葉を見つけて頂ければ幸いです。

最後まで本書をお読み頂き、真に有難うございました。

なお出版にあたり、ご尽力下さった文芸社の方々に感謝致します。

またヒーリングやスピリチュアルに関する豊富な知識を1つ1つ伝授下さった恩師、伊藤美枝子先生、天職へと導いて下さった荻居芳彰先生、良き助言をしてくれた友人S氏、T氏に感謝いたします。

さらにいつも私を応援してくれる家族に感謝の意を表します。

[本願成就のステップ表]　＊数字順に埋めていく

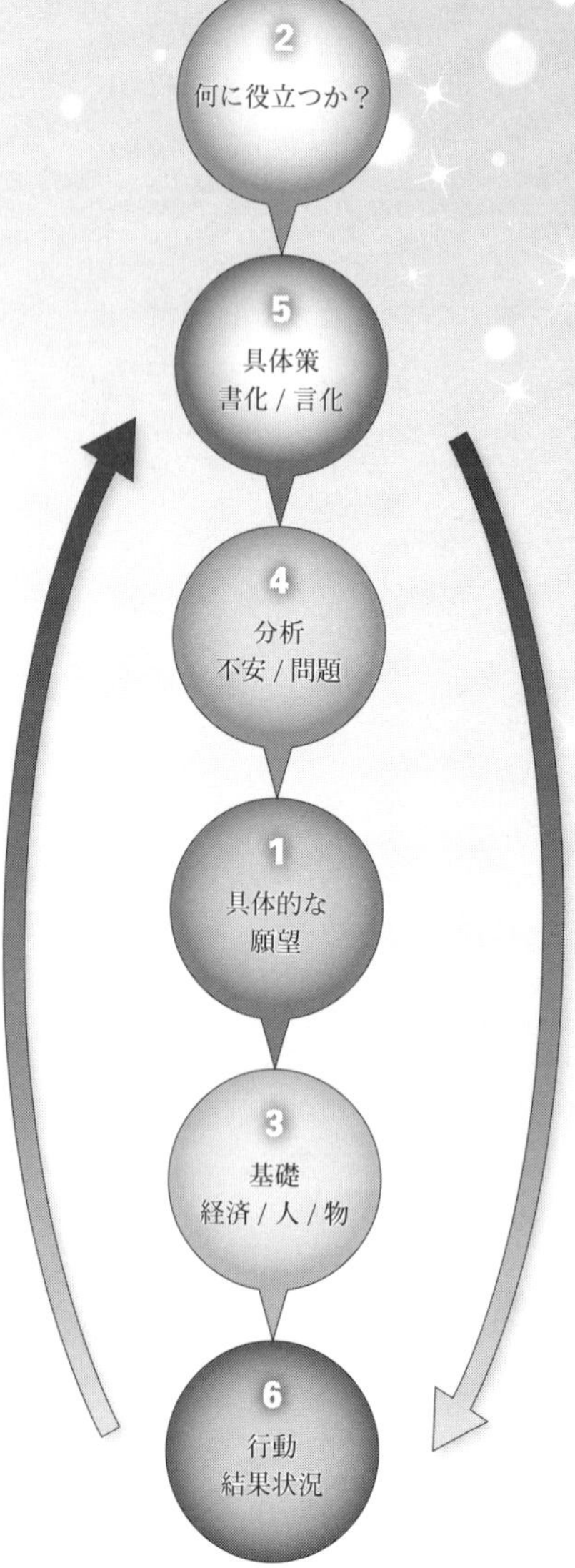

著者プロフィール

若 ルミ子（わか るみこ）

正看護師として大学病院、健診センターに勤務。
再び大学進学、修士課程を修了。
気功師養成講座修了。
植物の癒しの力を信じフラワーセラピスト資格取得。
ボランティア活動に生かす。
現在「美功」代表として代替療法・
心のケア・アンチエイジングに取り組んでいる。
美功ホームページ http://bikou8.info/

あなたに届く光のメッセージ

2013年11月15日 初版第1刷発行

著 者 若 ルミ子
発行者 瓜谷 綱延
発行所 株式会社文芸社
〒160-0022 東京都新宿区新宿1－10－1
電話 03-5369-3060（編集）
03-5369-2299（販売）

印刷所 株式会社フクイン

ISBN978-4-286-13687-5